Prolog

Enzensberger, ca. 1964: Die Lämmer haben sich mit den Wölfen zusammengetan

Das post-faktische Zeitalter, Zeitalter des Emotionalismus

Kritische Theorie Bd 1
(Von Adorno zur humanen Zukunftsgesellschaft)

Empörung der Bürger Bd 2

Zeitalter des Emotionalismus Bd 3

Prolog

Gesellschaftliche Analyse

Der Gegensatz von emotional bewusst und unbewusst geleiteter Rationalität

Zustandsbeschreibung der seelisch kranken Gesellschaft in den entwickelten Ländern

Makro- und Mikrowelt

Möglichkeiten zur Entwicklung einer humanen Gesellschaft

Zusammenfassung

Das post-faktische Zeitalter

Das post-faktische Zeitalter ist ein neuer Begriff der elaborierten Intellektuellen. Ganz einfach ausgedrückt, Gefühle bzw. Emotionen leiten die Menschen bzw. aufgrund von Gefühlen treffen Sie Ihre, insbesondere politischen Entscheidungen oder Wahlentscheidungen. Post-faktisches Zeitalter heißt also einfach ausgedrückt, „das emotionale oder gefühlsbezogene Zeitalter." Nachdem die so genannten Populisten, das sind natürlich die anderen, auf dem Vormarsch sind, heißt es, diese arbeiten mit Angst, Hass, Wut usw. Was ist denn eigentlich mit den gegensätzlichen Gefühlen Mut, Liebe, Gelassenheit usw.

Dazu später.

Das schöne neue Wort post-faktisches Zeitalter legt dem Hörer oder Leser nahe, vor dem zu deutsch, nach faktischen Zeitalter hätte es ein faktisches Zeitalter gegeben. Selbst der Kommentator im ZDF Journal 21:45 Uhr am Donnerstag den 10.11.2016 bezweifelte erstaunlicherweise, dass es jemals ein faktisches Zeitalter gegeben habe. Also ein Zeitalter, wo die Fakten, bzw. die Tatsachen oder gar objektive Tatsachen, politische Entscheidungen oder viele andere Entscheidungsgebiete hauptsächlich beeinflusst hätten.

Der Kommentator führte die Atomkraftdiskussion an. Das war dann das faktische Zeitalter. Alles völlig ungefährlich, alles sicher, die Fakten belegen das! In 1 Million Jahre ein Unfall und Tschernobyl, Japan?

Gleiches gilt für die Werbung. Hier wird bestimmt nicht mit Fakten die Kaufentscheidung beeinflusst!!! Im Interesse der davon Profitierenden wurden und werden die Fakten benutzt, um Emotionen wie Angst, Begeisterung, Einstellungen und Überzeugungen zu verändern, die nicht den Menschen sondern den Interessen der Medien oder Kapitalgebern dienen.

Wo war und ist das Faktische, wenn jeder Arbeitnehmer aber bestimmt nicht jeder Unternehmer vom 1. Januar bis 7. Juli jeden Jahres für die Abgaben arbeitet? Wo war und ist das Faktische, wenn ein Teil der Bevölkerung in festen Arbeitsverhältnissen mit relativ hohen Gehalt, sich dennoch kein Wohneigentum leisten kann und wo ist und war das Faktische, wenn die meisten sich gar kein Eigentum leisten können?

Mein Auto wurde von einem Syrer abgeschleppt und er sagte mir: „Ich bin als Sklave geboren, ich werde als Sklave sterben."

Den Leuten wird faktischer Sand in die Augen gestreut, sie arbeiten 30-50 Jahre und bekommen eine Rente von durchschnittlich Euro 1000 oder weniger. Wo ist das Faktische?

Auf der anderen Seite stellt sich für mich, anscheinend für die meisten Betroffenen aber nicht, die Frage: „In Kanarienkäfigen großen Wohnung leben, teures Auto vor der Tür? Möglicherweise mit Kindern? In luft-und lärmverschmutzten Städten, mit zwei oder drei Wochen Urlaub? Ist das Lebensqualität? Aber anscheinend stelle ich mir nur allein diese Frage!

Eine vergnügliche Welt mit frohen und glücklichen Menschen und insbesondere frohen und glücklichen Kindern? Ich sehe das nur selten! Höchstens auf Bali!

Müssen wir Geld für die Hamburger Oper von € 800 Millionen ausgeben? Milliarden für ein Bahnhof in Stuttgart oder Flughafen in Berlin? Oder Hunderte von Millionen für das Pergamonmuseum oder Schloss in Berlin? Müssen Deutsche halb Europa finanzieren wobei die Italiener durchschnittlich ein doppelt so hohes Vermögen besitzen wie die Deutschen?

Ich möchte nicht mit Fakten polemisieren. Dennoch tue ich das wohl auch. Zudem oben ausgeführten Absatz, ich weiß selbstverständlich als Ökonom, dass alle Deutschen, wenn man sich auch die Frage stellen muss, welcher Teil der Deutschen, am meisten von dem Freihandel der EU profitiert!

Dennoch einige Beispiele, wie man illegal zu Eigentum und Vermögen kommt!

Das läuft dann so. Erst kürzlich geht ein deutscher mit einem italienischen Unternehmer in Italien essen. Die Rechnung Euro 100. Der italienische Unternehmer gibt dem Gastronom, möglichst dass es der Deutsche nicht sieht, verdeckt, Euro 35, selbstverständlich ohne Rechnung.

Der Einzige von 15 Unternehmern in Südspanien der eine Rechnung für einen deutschen Hausbesitzer stellt, ist der deutsche Heizungsinstallateur über Euro 15.000. Selbst die Erdarbeiten mit schwerem Gerät erfolgen schwarz.

Viele deutsche selbstständige und gewerbliche Handwerker, auch Metzger, Bäcker usw. wohnen in den besten Wohngebieten und besitzen häufig mehrere Mietshäuser aber an der Steuer vorbei. Man weiß, wie das geht. Kein Finanzamt interessiert sich dafür. Seltsam?

Die Zwangsabgaben finanzierten, öffentlichen Medien füllen sich und ihren Stars gegenseitig die Taschen. Die Politiker bedienen sich mit hohen Salären.

Die bösen Großverdiener sind aber die Vorstände der Aktiengesellschaft! Dabei wird übersehen dass die Unternehmer und Kapitalgeber die größten Profite einstreichen. Wir haben ein Feindbild!

Wo ist das Faktische?

Der normale Arbeitnehmer hat vom so genannten Faktischen die Schnauze voll. Das ist für ihn sowieso unbekannt.

Er sieht nur, dass er beschissen wird. Außerdem soll er auch noch für Wirtschaftsflüchtlinge zahlen, die mit ihren Kindern und Frauen sich ein genüssliches Leben machen. Vielleicht stimmt das nicht aber es sieht es so und hat das Gefühl.

Um diese Verhältnisse und viel mehr zu sehen, brauche ich keine Populisten oder Trump. Sie liegen auf der Hand. Die normalen Menschen sehen die Zusammenhänge häufig nur bruchstückhaft aber ihr Gefühl ist, das ist alles ungerecht.

Die demokratischen, politischen und wirtschaftlichen sowie kulturellen Eliten verspielen die positiven Aussichten, wenn sie weiterhin verbreiten, „wir leben in den besten aller Welten".

Immer mehr Bürger sehen das nicht so. Und Populisten und Trumps werden die Macht übernehmen.

Wacht auf Eliten! Andernfalls werdet ihr eure tränenreichen Augen reiben.

Manchmal, wie im folgenden Beispiel auch aus Dummheit oder Unwissenheit.

Die Prognosen erwarteten Clinton in Amerika als Gewinnerin, das war sie auch. Sie hat in ganz Amerika ca. 47,2 % aller Stimmen erhalten, Trump nur 47,0 % aller Stimmen.

Die zu Grunde liegenden Daten der Prognose hatten nicht das amerikanische Wahlsystem berücksichtigt und die Swing bzw. Battle Ground Staaten, wie Florida, Ohio usw. nicht getrennt untersucht.

Fangt an aufzuwachen! Mitgefühl und Musik, so Schopenhauer, machen das Leid des Menschen erträglich und geben ihm Hoffnung

Aber lasst euch nicht täuschen und vor allem, lasst dafür nicht andere Leute bezahlen und leiden!

Kritische Theorie Bd. 1
(Von Adorno zur humanen Gesellschaft)

Analyse

Folgen

Bisherige gesellschaftliche Reaktionen

Zehn Thesen zur Neuausrichtung der Gesellschaft

Exkurs: Wirtschaftliche Situation

Analyse

Einer meiner Freunde, ein ungewöhnlicher Mensch, der in einem Bauwagen in München wohnt, der mehrere Jahre bei die Indianern in Mexiko, in der Nähe von Oahakka lebte, als Stewart mehrere Jahre zur See fuhr und mit seiner Frau und seinen drei nicht schulpflichtigen Kindern von München über Moskau nach Ulan Bator, in sieben Monaten mit einem umgebauten Lastwagen im Jahr 1982 hin und zurück fuhr, sprüht vor Witzen.
Scheich
Wenn wir über Philosophie reden aber auch über andere Themen, ist es für ihn zwingend notwendig lustige Begebenheiten, Witze und Paradoxien zu erzählen, um den ernsthaften Charakter der Gespräche aufzuhellen und aufzulockern. Eben eine lustige Stimmung zu erzeugen.

In der gleichen Weise möchte ich Ihnen und mir den philosophischen Stoff vermitteln. Lange überlegte ich mir, ob ich einen Beitrag verfassen wollte.

Folgender Ausspruch von ihm, kennzeichnet gut den Zustand der Weltbevölkerung und deren Basiswerte, die aus Wissenschafts- , Technik- und Ökonomieorientierung bestehen.

Das geistige Loch wurde mir zu groß, so dass ich Angst hatte hineinzufallen.

Operative Hektik ersetzt geistige Windstille!

Nun, ich möchte nicht das gesamte lustige Pulver verschießen.

Das Kulturmagazin von 3sat sendete am 23.4.2015 einen Beitrag über Adornos, „Kritische Theorie". Diese beiden Ereignisse bewegten mich, trotz vieler Bedenken, einen Beitrag zu verfassen.

Obwohl die geistigen Väter und Mütter der 68 er Befreiungsbewegung, die Existenzialisten, wie Sartre, Beauvoir und andere waren und die politischen Umsetzungen in Deutschland von denen, nun in ihrer bürgerlichen Behaglichkeit verweilenden Köpfen, Schröder, Fischer sowie Cohn Bendit vollzogen wurden, sind die philosophischen Hauptakteure: Adorno und Popper. In diesem Zusammenhang sei noch darauf hingewiesen, dass Helmut Schmidt und Popper persönliche Freunde waren. Schmidt der Verfechter der popperschen kritischen Rationalität mit dem Schwergewicht auf Wirtschaft, Wissenschaft und Technik.

Ich will sie und mich nicht mit den Details und Tiefen des Popper/Adorno Streits langweilen.

Der Kern der Auseinandersetzung ist: Adorno behauptete, dass es keine wertfreie Wissenschaft gäbe. Die grundlegenden Werte bezeichnete Adorno als Basiswerte.

Popper dagegen stellte die These auf, wissenschaftliche Betätigung beruhe auf einem rationalen und logischen Vorgehen und sei wertfrei.

Ich unterstütze Adorno und stelle die These auf:

Ob sich eine Gesellschaft vorwiegend mit der Erforschung von Naturwissenschaften und Ökonomie oder sich mit der Erforschung von Gefühlen und emotionaler Freiheit beschäftigt, das ist eine Frage der grundlegenden Ausrichtung der Werte einer Gesellschaft.

Allerdings stößt die praktische Umsetzung, wie ich im folgenden darstellen möchte, auf erhebliche Probleme und Widerstände.

Ein Zurückziehen in die bürgerliche Behaglichkeit ist deshalb auch verständlich.

Der Atheist Sartre soll am Ende seines Lebens religiös geworden sein. Sartre und der französische Arbeiterführer Benni Levi, später sein Sekretär erklärten, es sei nicht möglich die Gesellschaft zu verändern. Benni Levi lehrt in Tel Aviv Philosophie und hat sechs Kinder.

Anzumerken sei, dass gemäß des Kulturmagazin von 3sat, die RAF, der gewalttätige Arm der kritischen Theorie von Adorno, ein unrühmliches Ende gefunden hat.

Zurück zu den Hemmnissen der praktischen Umsetzung der kritischen Theorie, die Erforschung der Basiswerte und der naturwissenschaftlichen, ökonomischen Lastigkeit der Wissenschaft sowie des geringen Interesses der Gesellschaft an psychologischen, gefühlsmäßigen und emotionalen Fragen.

1Die amerikanische Regierung hat nach dem Ende des Vietnamkriegs eine halbe Milliarde Dollar für die psychologische Forschung ausgegeben, um das Problem ihrer traumatisierten Soldaten zu lösen. Der Templeton Fund Besitzer und anderer wohlhabende Privatpersonen haben in die psychologische Forschung u.a in die Glücksforschung von Professor Seligmann investiert. Ergebnisse gab es nur geringfügige. 60.000 amerikanische Veteranen, mehr als in Vietnam gefallenen Soldaten, nahmen sich das Leben.

1Die von 1950 von 2 Milliarden um über 5 Milliarden auf über 7 Milliarden angewachsene Weltbevölkerung erfordert für ihr Überleben angeblich naturwissenschaftliche und ökonomische Lösungen. Eine Entwicklungspolitik, außer in China, die auf ein Einhalten dieser katastrophalen, schon als wahnsinnig zu bezeichnende Entwicklung ausgerichtet istje, ist nicht in Sicht. Das System, inklusive ihrer Hilfsorganisationen und die religiösen Werthaltungen stehen einer

Problemlösung in diese Richtung im Wege.

1Finanzpolitischer Maßnahmen, die dem Bankensystem und den Kapitalstock Inhabern bzw. Investoren dienen und auf Kosten der ärmeren auf Arbeit angewiesenen Bevölkerung gehen

1Förderung von sinnloser Technologie, Prestige-, und Bauprojekten, die den Investoren und einer Vermassung dienen

1Erhöhung des Leistungsdrucks, der bereits im Kindergarten und der Schule beginnt

Das Ergebnis ist automatisierte, mediale in Megastädten lebende Massenmensch.

Toll was?

Schöne neue Welt!

Das ist die Zukunft unserer Jugend, in der ich nicht leben möchte!

Miteinander spielen und Spaß haben, verboten! Stattdessen Spielekonsolen, Handy- und Tablettspiele und eine sich verbreitende Melancholie, Trauer, Depression, Unruhe, Schizophrenie, Angst und persönliche Kommunikationslosigkeit.

Der Umweltdruck aufgrund, der sich stark vermehrenden Weltbevölkerung und eine mangelnde kreative Theoriebildung sowie Systemstabilisierende Interessen verhindern den Wissenszuwachs, der die Probleme lösen könnte. Naturwissenschaftliche und ökonomische Basiswerte richten die Gesellschaft aus und führen so zur Katastrophe. Diese Katastrophe wird dann als Gott gegeben angesehen.

Wo war ich als ich mich so dringend brauchte?

Was ist der Unterschied zwischen einem Schizophrenen, einem Romantiker und einem Psychiater/ Banker?

Der schizophrene baut ein Luftschloss.

Der Romantiker wohnt darin.

Der Psychiater bzw. Banker kassiert die Miete.

Die Folgen

Umweltzerstörung

Kriege

Terrorismus

Politische Spannungen

Verarmung weiter Teile der Weltbevölkerung

Innerstaatliche Verteilungskonflikte

Automatenhaftes Verhalten der Menschen (Seelische Verarmung und Verrohung)

Trauer, Depression, Melancholie, Unruhe (ADHS) und Angst verbreiten sich

Unbefriedigende persönliche Gespräche

Katastrophen nehmen ungeahnte Ausmaße an

Bisherige politische und gesellschaftliche Reaktionen

Schutzmaßnahmen gegen die Umweltzerstörung (Endlose, teure und fruchtlose Konferenzen) sowie Detailmaßnahmen von Nichtregierungsorganisationen und Pressure Groups

Unfruchtbare Friedensverhandlungen und Appelle, weil man die eigentlichen Probleme nicht sehen will

Aufrüstung und Abwehr des Terrorismus aber keine Ursachenbehandlung

Finanzpolitische Maßnahmen der Zentralbanken und des IWF, die die Kapitalakkumulation der Reichen fördern und die Ärmeren unter größerem Druck setzen

Waffenlieferungen an die vermeintlich Guten oder den eigenen Interessen Dienenden

Förderung der Vermassung und Medienorientiertheit

Verabreichung von Medikamenten (Psychopharmaka), wie Antidepressiva, Stimmungaufhellern (Prozac), Beruhigungsmitteln und Neuroleptika

Ausweitung der Anzahl der Medien und ihre Förderung

Wenige prophylaktische Maßnahmen zur Katastrophenbegrenzung

Operative Hektik ersetzt geistige Windstille

Die zehn Thesen

Eine generelle und eine Entwicklungspolitik, die auf Bevölkerung Stabilisierung bzw. Reduzierung zielt

Eine Steuerpolitik, die Arbeit entlastet und Kapitaleinkommen belastet

Eine Förderung zum Aufbau des Kapitalstocks der ärmeren Bevölkerungsschichten

Eine höhere Besteuerung von Luxusgütern

Eine Verminderung der Arbeitszeit

Eine Stärkung der persönlichen Kommunikation und der Kommunikation in der Familie

Eine geringere Förderung von Massenveranstaltungen und Förderung der persönlich zwischenmenschlichen Kommunikation

Weniger auswendig lernen und eine geringere Leistungsanforderungen an Kinder und Jugendliche

Den Menschen und die Familie in den Mittelpunkt stellen und nicht die Masse und die Einschaltquoten

Gespräch in der Familie, unter Freunden und in der Gesellschaft und nicht Talk im Fernsehen

Förderung der Bewusstwerdung von Emotionen und Gefühlen

Exkurs: Wirtschaftliche Situation

Die Befriedigung der niedrigen Triebe der Masse ist das Ziel des Kapitalismus?
Infrage stellende Ziele, der wie auch immer genannten Marktwirtschaft, gibt es so gut wie nicht?
Am Rande der Gesellschaft gab und gibt es Bewegungen, wie Occupy Wallstreet. Demonstrationen die hier und da die mediale Aufmerksamkeit erlangen. Ein infrage stellen der ökonomischen Struktur, findet im Kern der gesellschaftlichen Interessen nicht statt. Die Probleme sind vielfältig, die Interessenverschleierung groß. Ein krisenhaftes Geschehen , das Angst verbreite, stellt sie ein.

Die Industrialisierung versucht mittels einer Wettbewerbswirtschaft die massiv wachsende und existierende Bevölkerung mit Gütern zu versorgen. Die davon ausgehenden Triebkräfte der riesigen Gesellschaft treiben die Technisierung und Ökonomisierung voran. Die Lebensweisen der Industriegesellschaften sollen durch Globalisierung auf die nicht industrialisierte Welt übertragen werden. Kleine Gruppen der Gesellschaft, wie die grünen Umweltgruppen haben bereits festgestellt, dass sich damit eine Umweltkatastrophe anbahnt. Will ich die bereits existierenden 7 Milliarden Menschen und die noch dazu kommenden mit Infrastruktur, Verkehrsmitteln, Energie, Nahrungsmitteln, Wasser und Wohnung versorgen, so kommt es zu einem Show-down, der die Umwelt erschüttert und massive Konflikte produziert. Die Ressourcen bestehend aus Umwelt, Natur, Energie und Wasser reichen zur Versorgung der Menschen nur begrenzt aus. Klimatische Veränderung verstärken den Druck erheblich.

Kommen wir zu einer globalen Bestandsaufnahme der realen Probleme. In den letzten 60 Jahren, das ist das Hauptproblem, hat sich die Menschheit von 2 Milliarden um 5 Milliarden auf 7 Milliarden Menschen vergrößert. Das Wachstum der Spezies Mensch ist in vielen Teilen der Welt ungebremst. Alle diese Menschen möchten menschenwürdige Wohnung, Mobilität, Nahrung, gesunde Umwelt, Freizeit usw. Somit liegt das Hauptproblem in der unverhältnismäßig großen Anzahl der Menschen und deren ungebremsten Zunahme.

Nur einzelne Länder versuchen das Bevölkerungswachstum zu bremsen. Die Mehrheit auch die Pressure Groups schauen dem ungerührt zu und versucht in Form von Schützen der Umwelt, eine zwar lobenswerte aber nur symptomatische Behandlung des Problems. Die Gigantonomie der Industrialisierung setzt ihren Siegeszug mehr oder weniger ungebremst, außer von ein paar Demonstrationen flankiert, getrieben durch die Bedürfnisse der unbegrenzten Population der Gattung Mensch, fort.

Die aufgezeigten Probleme müssen quer durch alle gesellschaftlichen Gruppen auch der Religion und der politischen Eliten als Erstes angegangen werden. Hierüber gibt es kein öffentliches Bewusstsein und Interesse. Ein Beispiel ist Java: 2 Millionen Einwohner um 1900, heute geschätzt zwischen 130-170 Millionen. Weitere Regionen u.a. Afrika, weite Teile Asiens, Süd-und Mittelamerika sind von der zunehmenden Überbevölkerung gekennzeichnet.

Neben dieser Überbevölkerung gibt es weitere Problembereiche. Es stellt sich die Frage, was produziert die industrialisierte Welt? Ein Teil der produzierten Güter, ein meiner Meinung nach geringer Teil (es wäre statistisch zu untersuchen) dient der Befriedigung von so genannten Grundbedürfnissen. Ohne mich in die Details darüber zu verlieren, nenne ich einige Produktgruppen wie Nahrung, Kleidung, sowie Maschinen zu deren Erzeugung, Gesundheitsprodukte, Wohnungen, Mobilität-und Freizeitprodukte.

Mit den Mobilität- und Freizeitprodukten stellt sich bereits die Frage der Sinnhaftigkeit der Produkte, sicherlich auch in geringem Ausmaß für die vorgenannten Produkte wie Wohnung, Nahrung usw. Die Sinnhaftigkeit der Produkte ist eng verknüpft mit der Exklusivität der Güter. Die Exklusivität ist gekennzeichnet durch das Prestige und den hohen Preis der Produkte. Exklusive Produkte definiere ich als höherwertige Produkte, die weit über ihren Grundnutzen oder Anmutungsnutzen hinausgehen.

Empirische Untersuchungen zeigen, dass die Menschen in 3-4 Gruppen eingeteilt werden können, die je nach Produkt, Kaufkraft emotional Grundpositionen und volkswirtschaftliche Situation der Länder verteilt sind. Es kann unterschieden werden in die von:

-Sparsamkeit

-Mode (Design)

-Erlebnisorientierten

-Prestigeorientierten

gekennzeichneten Zielgruppen.

Sparsamkeit orientiert sind im Mittel ca. 30 % aller Käufer oder Käufer in den industrialisierten Ländern.

In den anderen drei Gruppen stellt sich mehr oder weniger das Problem der Exklusivität, insbesondere im Bereich der prestigeorientierten Produkte. Hier handelt es sich um extrem teure Produkte, wie die meisten PKW, exklusive große Wohnungen, Kleidung, Hotels, Yachten aber auch viele Produkte des täglichen Bedarfs wie teure Restaurant, Accessoires (Schmuck usw.). Es wäre zu ermitteln wie hoch der Anteil der exklusiven Produkte, an der Welt Güterproduktion von 62 Billionen ist. Eine Aufgabe der Volkswirte. Mit dieser Frage befinden wir uns im Hauptproblembereich der so genannten Marktwirtschaft und des Kapitalismus. Die exklusiven Produkte sind zwar ein Hauptproblem des Kapitalismus. Gesamtgesellschaftlich sind sie aber nur ein Sekundärproblem.

Häufig versperrt das Offensichtliche den Blick auf das eigentliche Problem. Das gesellschaftliche Primärproblem ist die Verteilung des erwirtschafteten Geldes. Diese Frage wird häufig mit der Neiddiskussion oder dem berechtigten Interesse der Nutznießer dieser Verteilung abgebügelt. Es wird im Kern der gesellschaftlichen Systeme tabuisiert. Die Frage stellt sich welche Teile der Gesellschaft profitieren von der gegenwärtigen Verteilung und welche Teile profitieren weniger davon. Insbesondere in den letzten 30 Jahren profitiert von den gegenwärtigen Verteilungssystem der Länder ohne dass sich speziell auf kleinere Gruppen eingehen möchte, das Finanzsystem. Laut Zeitungsberichten hat das gesamte Finanzsystem ein Volumen von 960 Billionen € bzw. Dollar. Die Weltgüter Wirtschaft produziert Güter im Wert von 62 Billionen € bzw. Dollar. Das Finanzsystem ist 15 mal größer als das Bruttoinlandsprodukt der Nationen. Eine entscheidende Schieflage des Marktwirtschaftssystems. Die berechtigte Akkumulation eines Kapitalstocks ist völlig aus dem Ruder gelaufen.

2. Empörung der Bürger

Prolog

Die Schulpolitik anhand eines aktuellen Beispiel

Die Steuer und Abgabenpolitik und die Verteilung

Die Medienpolitik

Die systemische Ohnmacht

Exkurs. Wettbewerbswirtschaft

Ein zynischer Beitrag eines empörten 65 jährigen Bürgers I.R. Gendwer (Nicht vom Autor)

Prolog

Die Intelligenz folgt euch auf Schritt und Tritt aber ihr seid schneller!

Kommt Freunde und hört mich an, die ihr noch nicht vergiftet seid. Wacht auf und steht euren Mann und hört auf die Zeichen der Zeit. Es wird Zeit, dass ihr euch endlich wehrt gegen sinnlose Demonstrationen. Sie haben euch nur hassen gelehrt und werden sich deshalb nicht lohnen.

Der Vater verachtet den Sohn ob seiner so spießigen Normen. Er träumt von der Revolution und hält nichts von bloßen Reformen und dann ist er doch etabliert und sitzt vor dem Glozophon. Die Revolution ist krepiert, die herrliche Revolution!

Die Reise an das Ende des Verstandes ist für viele nur ein ganz kurzer Ausflug!

Die Fantasie ist etwas, was sich viele nicht vorstellen können.

Wer kriecht kann nicht mehr hinfallen.

Die Schulpolitik anhand eines aktuellen Beispiel

Ein guter Freund, von Beruf erfolgreicher Arzt mit einer großen Praxis in München und seine äußerst wohlhabende Frau haben zusammen einen Sohn, der in die erste Klasse des Gymnasiums geht. Der Arzt, Primus auf dem Gymnasium und im Studium aus kleinen bäuerlichen Verhältnissen stammend erzählt mir folgende Geschichten:

Sein Sohn, in der Grundschule noch jeden Nachmittag Fußball spielend, musste das Fußballspielen mit seinen Kameraden aufgeben, da diese aufgrund von Schularbeiten nicht mehr in der Lage waren dafür die Zeit aufzuwenden. Stattdessen spielt er jetzt mit den jüngeren Grundschülern Fußball. Der Sohn ebenso Primus in der Grundschule und im Gymnasium kommt jeden Tag nachhause und geht sofort in sein Zimmer, um zu spielen. Dann geht der Fußballspielen und abends für diese Schularbeiten erledigt.

Das Wochenende fällt familiär mehr oder weniger flach, aufgrund der vielen Schularbeiten, die zu leisten sind.

Die Schule befindet sich in einer Kleinstadt auf dem bayerischen Lande. Am ersten Tag der ersten Stunde kommt eine Lehrerin in die Klasse und sagt: „Es gibt jetzt vier Klassen am Ende des Schuljahres werden es nur drei sein." Das war die Begrüßung!

Der Primus kommt nachhause und sagt zu seinem Vater: „Die Kindheit ist vorbei!"

Nicht konformes Sozialverhalten wird von den Lehrern mit schlechten Noten bestraft.

In Musik wird die Zauberflöte von Mozart vorgespielt und die Fünfklässler sollen die Noten aufschreiben. Auswendiglernen wird groß geschrieben.

Am Abend nach der Kommunion setzt sich der Sohn zu seinem Vater und fragt ihn:

„ Glaubst du an Gott?"

Der Vater, nicht in der Kirche als Agnostiker oder als Atheist zu bezeichnen, ist völlig überrascht.

Aufgrund der ländlich katholischen Gesellschaft ist seine Frau der Meinung, dass dieses Thema besser nicht mit dem Sohn zu besprechen sei. Das ist ihm seit längerem bekannt.

Geistesgegenwärtig sagt er: „ Wenn du 18 bist, reden wir über das Thema."

Der Sohn antwortet: „Ich glaube nicht an den Schmarrrn." Damit war das Thema beendet.

Ein Klima der Angst und des Leistungsdrucks wird in den Schulen verbreitet. Die Eltern tun ihr übriges dazu. Das ist zwar in diesem Fall nicht so. Insbesondere die Mutter erklärt dem Sohn, es ist nicht ratsam, deine Meinung zu sagen, das schlägt sich in schlechteren Noten nieder.

So wird der konforme, vereinzelte und automatisierte Massenmensch erzogen.

Die Steuer und Abgabenpolitik und die Verteilung

Die Wahrheit ist: ca. 40 % der Sozialabgaben, auch der Arbeitgeberanteil muss von dem Arbeitnehmer erwirtschaftet werden plus dem jeweiligen persönlichen Steuersatz von ca. 20-50 %, ab dem Grundfreibetrag müssen auf Arbeitseinkommen gezahlt werden. Es handelt sich also in der Regel um mehr als 50 % Abgaben auf das Arbeitseinkommen. Die Kapitalertragsteuern betragen dagegen nur 25 %. Unternehmensverkäufe sind seit Kanzler Schröders Entscheidung häufig steuerfrei obwohl der Wert des Unternehmens auch mit den Arbeitnehmern erwirtschaftet worden ist. Kapitalerträge und die Gewinne aus Unternehmensverkäufen sind Sozialabgaben frei.

Hieraus wird die Spaltung der Gesellschaft in immer größere Anteile ärmer und 30 % immer reicher werdender Gesellschaftsanteile gespeist.

Laut Zeitungsberichten hat das gesamte Finanzsystem ein Volumen von 960 Billionen € bzw. Dollar. Die Weltgüter Wirtschaft produziert Güter im Wert von 62 Billionen € bzw. Dollar. Das Finanzsystem ist 15 mal größer als das Bruttoinlandsprodukt der Nationen. Eine entscheidende Schieflage des Marktwirtschaftssystems. Die berechtigte Akkumulation eines Kapitalstocks ist völlig aus dem Ruder gelaufen.

Die Soziale Marktwirtschaft bzw. das kontrollierte kapitalistische System ist zur Zeit das beste wirtschaftliche System. Die Stellschrauben müssen verändert werden! Es muss eine andere Steuer-, Abgaben- und Verteilungspolitik eingeführt werden.

Die Medienpolitik

Ein ca. 70 jähriger Inhaber einer Autowerkstatt sagte mir 1990 in Hamburg:" Man muss zwischen der öffentlichen Meinung und der veröffentlichten Meinung unterscheiden!"

Neuerdings werden die Medien von Teilen der Gesellschaft öffentlich als Lügenpresse bezeichnet. Das Selbstverständnis der Medien ist eine objektive und investigative Berichterstattung. Größere Teile der Gesellschaft sind schon lange der Meinung, dass viele Veröffentlichungen tendenziös, systemstabilisierend, in geringem Maße System kritisch oder hinterfragend sind und es sich selbst bei öffentlich rechtlichen Nachrichten um eine subtile Propaganda handelt.

Aus welchen Gründen kommen nun Teile der Gesellschaft auf die Idee, die Medien verbreiten Lügen bzw. wie erfolgt diese subtile Propaganda? Jeder weiß sie die Nazi – Hetzpropaganda durchgeführt wurde. Mit dem Geschrei und Gekreische hasserfüllte Parolen. Das zieht im Moment nicht mehr so gut. Nur bei rechten Teilen der Gesellschaft.

Die derzeitige moderne subtile Propaganda geht anders vor. Einerseits durch Weglassen nicht genehmer Themen und andererseits durch Aufblähen von Einschaltquoten und leserorientierter Themen.

Eine weitere Möglichkeit bietet sich durch die plakative Wortwahl.

In Talkshows bietet sich die Möglichkeit des raschen Themenwechsel an oder wenn das nicht hilft, die Diskreditierung des Gesprächspartners oder Themas.

Als Beispiele seien hier zu nennen die ungerechte Abgabenlast zwischen Arbeitnehmern und Arbeitgebern bzw. die Abgabenlast auf Arbeit und Kapital. Wenn es sich um gewichtige Talkshow

Teilnehmer handelt, wie den Dm Drogerieketteneigentümer oder Augstein, die das Thema aufwerfen, wird vom Moderator rasch das Thema gewechselt. Handelt es sich um nicht so gewichtige Personen, so wird das Thema unter dem Begriff Neiddiskussion vom Moderator oder anderen Teilnehmern abgebügelt. Ansonsten wird in fast allen Medien nicht darüber berichtet. Medien schaffende, Politiker und sonstige Interessengruppen sind sich stillschweigend einig, das Thema zu tabuisieren und nicht in die Öffentlichkeit zu bringen. Das gelingt hervorragend. Es wird dann ein Nebenschauplatz, wie die kalte Progression eröffnet. Die Umsetzung wird immer wieder verschoben und als Marginalie irgendwann realisiert.

Die Wahrheit ist: ca. 40 % der Sozialabgaben, auch der Arbeitgeberanteil muss von dem Arbeitnehmer erwirtschaftet werden plus dem jeweiligen persönlichen Steuersatz von ca. 20-50 %, ab dem Grundfreibetrag müssen auf Arbeitseinkommen gezahlt werden. Es handelt sich also in der Regel um mehr als 50 % Abgaben auf das Arbeitseinkommen. Die Kapitalertragsteuern betragen dagegen nur 25 %. Unternehmensverkäufe sind seit Kanzler Schröders Entscheidung häufig steuerfrei obwohl der Wert des Unternehmens auch mit den Arbeitnehmern erwirtschaftet worden ist. Kapitalerträge und die Gewinne aus Unternehmensverkäufen sind Sozialabgaben frei.

Hieraus wird die Spaltung der Gesellschaft in immer größere Anteile ärmer und 30 % immer reicher werdender Gesellschaftsanteile gespeist.

Der Wildwuchs von immer mehr öffentlich-rechtlichen Programmen und ihren gleichartigen Inhalten wird durch eine Zwangsabgabe in Form einer Fernseh- und Radiogebühr alimentiert. Im Internetzeitalter haben sich viele jüngere Medienkonsumenten, aufgrund der Gleichförmigkeit und der subtilen Propaganda der klassischen Medien, von diesen Medien bereits verabschiedet.

Ein weitere und sehr subtile Form der Propaganda ist den verängstigten und traurigen Menschen, angstmachende Themen und Beiträge sowie tagtäglich traurige Katastrophenberichte vorzusetzen und sie damit emotional zu beschäftigen. Die Wirklichkeit findet dann eben nicht mehr statt.

Die systemische Ohnmacht

Das ist das interessanteste und komplizierteste Kapitel.

Der Drache der Werte (Nietzsche) ist hinsichtlich der Problematik der Überbevölkerung der Gattung Mensch nicht zu überwinden. In vielen Ländern und Kontinenten ist einerseits der Lebensraum zu knapp und andererseits die Fähigkeit zur Herstellung befriedigender Wirtschaftsleistungen zu gering. Die Eliten sowie die jeweiligen Völker sehen das nicht als Problem und als Ursache an.

Die Folgen sind: Flüchtlingsbewegung, ethnisch, wirtschaftlich und machtpolitisch begründete kriegerische Auseinandersetzungen (zum Beispiel Ukraine, Afrika), religiös, wirtschaftlich und machtpolitisch begründete Kriege (der Nahe Osten, Syrien, Irak, Jemen), wo sunnitische und schiitische und andere Gruppierungen um die Macht und den wirtschaftlichen Vorteil ringen.

Im weiteren werden andere Lebensformen verdrängt und der Lebensraum unerträglich (Mexico City, Jakarta, Java, Kairo, der indische Subkontinent und andere Megastädte.

Die Entwicklungspolitik muss auf eine Stabilisierung der Anzahl und Verringerung der Gattung Mensch ausgerichtet sein.

Die weiteren Ausführungen sind weitaus komplizierter. Gedanklich konstruierten Modelle, die auf so genannten erfolgreichen Werten beruhen (Basiswerte, Adorno; der zu überwindende Drache der Werte (Nietzsche) steuern die Systeme.

Mittels Naturwissenschaften und Technik können die Probleme bewältigt werden!

Die Ökonomie ist durch Wachstum, Vollbeschäftigung (Arbeit), staatlichen Konsum also dem kensianischen Modell,

der Wettbewerbswirtschaft (private Investitionen), dem Modell von Adam Smith

und der Geldpolitik der Notenbanken, Modell der Geldmenge und Zinsen zu steuern.

Die Steuer- und Abgabenpolitik wird insbesondere unter dem Blickwinkel der Versorgung der staatlichen Haushalte und der Aufrechterhaltung der Krankenkassen-und Rentensysteme gesehen.

Die Produktions - bzw. Wettbewerbswirtschaft wird durch Investitionen und Konsum gesteuert. Die technische Weiterentwicklung erzeugt in großem Maße unsinnige Produkte, wie Großprojekte (Nürburgring, Stuttgart 21, Hamburger Oper, Großflughafen Berlin, Freizeitparks und weitere sinnlose Infrastrukturprojekte), Fahrzeuge die völlig übertechnisiert sind und über Marken und Design gesteuerte Prestigeprodukte.

Diese Politik wird so weit getrieben bis ganze Staaten und Kommunen vor dem Bankrott stehen (Griechenland, Island, Portugal, Spanien, Malta, Kalifornien, Detroit und es werden sicher noch einige folgen), die Banken und Staaten nur mittels Steuergeld und den Zinsen auf Sparguthaben den Betrieb aufrechterhalten können und was das Schlimmste ist, weite Teile der Bevölkerung verarmen.

Das technisch, naturwissenschaftliche und ökonomische System dient den daran Partizipierenden und nicht mehr dem Gemeinwohl.

Die auf Werten und Prämissen beruhenden Modelle sind nicht mehr funktionsfähig und dienen nur noch den daran Profitierenden, sei es den Kapitaleignern und deren Vertretern, Politikern oder einen großen Teil der Medienschaffenden.

Jetzt spätestens treten die Vertreter der Eliten, der Demokratie und der Konsumentensouveränität bzw. Konsumentenfreiheit mit großem Geschrei auf den Plan. Ihre Interessen sind empfindlich gestört.

Sie ahnen zwar, dass etwas nicht stimmt! Aber das Prinzip gilt: „Rette sich wer kann" oder wir gehen gemeinsam in die Katastrophe und fangen neu an. Ich habe es zum Glück nicht erlebt! Ich glaube in der ersten Hälfte des 20. Jahrhunderts hat es das schon einmal gegeben. Viele meinen dann, es sei Gott gegeben und flüchten sich in die Religiosität. Andere suchen Schuldige. Einige sind vielleicht mehr Schuld anderer weniger, dennoch sind wir alle Schuld. Wir haben uns zu sehr vermehrt, haben an die falschen Modelle geglaubt und gemeint, es würde schon gut gehen. Es ging nicht gut. Und es wird nicht gut gehen. So nicht.

Gott den wir nicht erkennen wollen bzw. erkennen können schlägt in Form von Angst, Hass, Trauer, Leid, Schmerz sowie Gewalt und Armut zurück. Gott bewahrt die Schöpfung durch seine Dämonen (Mittler zwischen Gott und den Menschen), Angst, Hass, Trauer, Leid, Schmerz, Wut. Der Wut Bürger ist bereits geboren Die Angst, die Trauer, auch in Form der Depression und die Unruhe breiten sich aus. Das Unwohlsein und der Stress verbreiten sich. Doch die Politiker und

Mutti beruhigen uns. Das geflügelte Wort ist," das kriegen wir schon hin". Im wahrsten Sinne des Wortes. Sie haben sich unbewusst verraten.

Die positiven Dämonen (Mittler zwischen den Menschen und der höheren Welt), Liebe, Freude, Gelassenheit, Mut kommt nur noch in Form von Helden im Krieg vor, Wohlsein und Lust, kommt nur noch in Form von den Feind töten vor nehmen bis zum nächsten goldenen Zeitalter eine Auszeit.

Das logische, gedankliche und materiell orientierte Bewusstsein wird durch die Emotionen geschlagen.

Ich höre schon die Beschimpfungen, Defätist, Ungläubiger, Pessimist, Nestbeschmutzer, es klingt mir noch in den Ohren," geh doch rüber zu den Kommunisten."

Einer meiner Professoren sagte gerne, manche müssen Erfahrung machen und andere wissen es vorher. Deshalb wollte ich das nicht schreiben.

Ich bin mir so gut wie sicher, vor der Katastrophe, die noch lange hinausgezögert werden kann, wird dieser Beitrag entweder ignoriert oder verunglimpft. Ein Anstoß zur Diskussion, den ich mir erhoffe, ist unwahrscheinlich.

Wenn der Beitrag ein Echo erfährt, so höchstens in Randgruppen. Die zentral Gesellschaft hat erst nach der Katastrophe ein Interesse daran. Dann wird höchstwahrscheinlich meine Asche bereits im Meer verstreut sein.

Exkurs. Wettbewerbswirtschaft

Zum Zwischenstand des Ersten Weltkriegs gab es eine Aussage: „Was konnten 40 Millionen französische Bauern gegen 80 Millionen Deutsche Industriearbeiter tun!" Anzufügen sei: „Hatten 80 Millionen Deutsche Industriearbeiter eine Chance gegen 200 Millionen US Industriearbeiter?" Der Ausgang des Ersten und Zweiten Weltkrieges zeigte das Ergebnis.

Die Welt hat sich verändert! Elektronisch gesteuerte Waffen haben das Kommando übernommen und die Atomwaffen lauern im Hintergrund.

Wettbewerbswirtschaft heute?

Die Antwort ist auf einen kurzen Nenner gebracht: Was wollen Griechen, Italiener, Portugiesen, Afrikaner,viele osteuropäische Staaten usw. gegen hoch rationalisierte, strukturierte, computergesteuerte, von einem hohen Arbeitsdruck und Leistungsorientiertheit geprägte Nationen wie Deutschland, USA usw. wettbewerbswirtschaftlich unternehmen? Ich denke nicht viel! Diese Länder werden mehr oder weniger alimentiert werden, wenn sie die europäische Währung behalten.

Viele afrikanische Länder sind heute schon alimentiert und durch bilaterale Freihandelsabkommen wird ihre Wettbewerbsfähigkeit geschwächt. Die billigen Waren Europas werden auf die afrikanischen Märkte gedrückt. Hilfsorganisationen tun ein übriges.

Ein zynischer Beitrag eines empörten 65 jährigen Bürgers I.R. Gendwer

UN treue soll angeblich den Frieden sichern! Dabei ist ein gewisses Quantum an Unwahrheit Voraussetzung für einen dauerhaften Frieden. Kriege werden woanders ausgeheckt, dann in die Länder getragen und die Waffensysteme können aus vollen Rohren feuern. Zu Luft, Land und Wasser ist alles gesichert. UN vorteilhaft für die Betroffenen, doch man muss eben Opfer bringen. Dann entsendet man UN Friedenstruppen ins Land, setzt sich fest unter dem Motto „wir schützen euch". Einstein sagte einmal, es wird der Tag kommen, an dem die lebenden die Toten beneiden. Wovor schützen die Truppen, die Leute? Die Leute haben vorher nichts und haben jetzt nichts also wovor sollen sie geschützt werden?

Der angebliche Regent ist abgesetzt und ein neuer wurde vorübergehend eingesetzt, bis sich alles beruhigt hat.

Sie sagen sie bringen die Demokratie aber wenn ich die Demokratie mit Gewalt und Krieg erzwingen muss, so ist dann die Demokratie nur eine andere Diktatur. Man sagt den Betroffenen, dass man ihnen helfen will und dass ihr altes Leben jetzt ein anderes wird. Das Unvorstellbare wird wahr.
Sie glauben es. Sie lachen und halten kleine Fähnchen in den Händen und jubeln den Soldaten zu, wie kleine Kinder, wenn sie am Karneval dabei sein dürfen. Das ist unfassbar!

Es wird Ihnen eine neue. vorgezeichnete Ordnung gegeben, ihne die Vorteile erläutert und schon sind sie davon überzeugt, dass diese neue Ordnung nur zu ihrem Besten ist.

Man bringt Lebensmittel ins Land, füttert sie in die Abhängigkeit und sie sind glücklich und zufrieden. Die Toten sind vergessen. Das neue steht stark und mächtig über dem alten System und wieder ist ein Stück des Weges geschafft, dessen Auswirkungen keiner realisieren kann.

Kriege und Religionswahn seither die treibende Kraft, ganze Völker gefügig zu machen. Es ist unvorstellbar, dass sich etwas ändern wird, wenn es nicht im Sinne eines großen Planes wäre: Weltweite demokratische Diktatur. Die Demokratie ist die Diktatur der Mehrheit (Masse) (Habermas). In einem Wort gesagt: Globalisierung. Dem Ganzen fehlt dann nur noch eine Einheitsreligion, alle wären zufrieden!

Wer braucht schon 7 Milliarden Menschen für diverse Arbeiten, welche anfallen würden, um eine Hand voll Regierender zu ernähren? Zum Beispiel die Chinesen, die Inder, die Japaner.

Überall Menschen, kein ruhiger Platz mehr für einen ruhigen Moment, geschweige denn ein Platz zum ausruhen. Ungeachtet dieser Tatsachen, es muss etwas unternommen werden. Kriege gäbe es keine mehr, die Soldaten übernehmen wach Funktionen, um aufkeimende Unruhen zu unterbinden. Die Medizin hätte die Möglichkeit, mit Seuchen seine und den dafür bereitstehenden Gegenmittel, der Überbevölkerung entgegenzuwirken. Dann würde der Eid (Leben erhalten) des Hipppokrates zum Meineid.

Wenn es der Sache nützlich ist, drückt man schon einmal ein Auge zu, den Betroffenen gleich beide.

Irgendwann gab es schon einmal so etwas, damals hieß es, Endlösung. Schöne neue Welt. Endstation Sehnsucht. Im

Ein Haufen geistlich manipulierter, dahinvegetierender Menschen, die nur eine Aufgabe hätten, nämlich für das Wohl einiger weniger, zu dienen. Die Technologie würde alles überwachen, dafür hat man sie ausgebaut.

Wer in der Demokratie schläft, wacht in der Diktatur auf. Terrorismus ist Angst. Die Menschen haben Angst und aus diesem Grunde, muss man sie beschützen, damit sie wieder ruhig schlafen können. Man stellt für sie extra Truppen zusammen, die für ihren ruhigen Schlaf sorgen.

Sicherheit ist ein sehr dehnbarer Begriff.. Von dem Wort sicher, bis hin zu dem Wort todsicher. Die Ängste der Menschen sind nichts anderes als Unsicherheit, aufkommend aus einem leeren Gefühl, das sie nicht kennen! Terrorismus ist ein weiterer Punkt, um ihnen Angst zu machen.

Wenn etwas dagegen getan wird, was natürlich diverse neue Gesetze mit sich bringt, welche in Wirklichkeit der Regierung aber nicht den Menschen dienen, ist der Mensch beruhigt und er kann schön weiter schlafen.

Ihr Geld ist wertlos! Konfetti und Schrott und nichts weiter! Gold ist die einzige Währung auf der Welt, die ihren Wert stets behält. Solange die Menschen sich mit ihren bunten Schnipseln und Metallplättchen beschäftigen, wird mit dem Gold spekuliert und verdient. Gold zu Gold während die Menschen in schweißtreibende Arbeit und unter größten Opfern, ihre kleinen Wünsche vom Munde absparen.

Und was sie nicht alles auf sich nehmen! Miete, Steuern, Versicherung, Renten-, Sozialversicherungen, Altersversicherungen, Pflegevorsorgeversicherungen, Hausratsversicherungen usw.. Es kommt einem der schöne Satz in den Sinn, es ist seltsam, dass am Ende des Geldes noch so viel Monat übrig ist!

In den sechziger Jahren gab es die APO, dann folgte die RAF.
Danach ging man auf die Türken los. Anschließend auf die Asylanten. Die Juden, das ging nicht mehr in Deutschland.
Sozusagen Terrorismus in kleinem Rahmen. Als dann die Mauer fiel, ging es gegen die Ostdeutschen. Seitdem in Europa die Grenzen offen sind,, geht es jeder gegen jeden. Alle zusammen miteinander, gegeneinander!

Was ist ein Veganer? Aus dem Indianischen abgeleitet, sei es nun wahr oder nicht, derjenige der unfähig ist zu jagen.

Wir dezimieren uns gegenseitig, warum auch immer? Unsere Soldaten ziehen in einen multi - kulti die Krieg. Gestern Jugoslawien, heute Afghanistan, morgen Afrika usw.. Natürlich kämpfen sie nur für den Frieden in dieser Welt.

Wo kommen die neuen Krisen plötzlich alle so schnell her? Ach ja, ich vergaß, es solle eine neue Weltordnung geben. Man muss die Leute in der Welt dazu bringen, zu zuhören, wie diese neue Weltordnung aussehen soll?

Youtube Video: Emotionen kontrollieren, Hubertus Ihn

Zeitalter des Emotionalismus

Prolog

Unbewusste oder unterbewusste, emotionale die Werte steuernde Handlungen werden die Menschheit in seelisches Leid und vorzeitigen Tod schicken.

Die Reflexion und Bewusstwerdung der Emotionen, die unseren Werten und Handlungen zu Grunde liegen, führen uns in eine humane Gesellschaft.

Die Bewusstwerdung der Emotionen, das hoffe ich, ist deutlich geworden, bedeutet Zeit, viel Zeit. Für das Individuum als auch das Kollektiv, ist diese Zeit zu schaffen. Trauerprozesse, echte emotionale Freude, die Reflexion der Angst, das Schaffen von Mut, die Wahrnehmung von Hass und emotionaler Liebe führt zur Lust und dem Wohlsein. Das Leid und der Schmerz werden zwar von Jesus, Mohammed, Buddha, Jave und indischen Göttern gelindert aber nicht behoben.

Leid und Schmerz werden so lange, wie wir die Mittler zwischen uns und der höheren Welt nicht in unser Bewusstsein lassen, unsere ständigen Begleiter sein.

Ich hoffe es gelingt Ihnen und wünsche Ihnen viel Glück, was aus dem griechischen (Eudämonie) übersetzt: „Einen guten Zugang, zu den Mittlern zwischen den Menschen und Gott zu haben," bedeutet.

Gesellschaftliche Analyse

Nach der Postmoderne, dem Rationalismus und dem Surrealismus wird die Epoche der Emotionen anbrechen. Vor dem Zeitalter des Emotionalismus wird das 21. Jahrhundert vermutlich zu einem von Kriegen und Katastrophen gezeichneten, dunklen und religiösen Jahrhundert werden.

Wie sagt der Volksmund: Wer nicht hören will, muss fühlen! Die den Geist beherrschende naturwissenschaftliche Umnachtung wird als Licht gesehen! Das Gefühl ist ausgeschaltet, das allmächtige, logische Bewusstsein regiert.

Die Umwelt schützenden Organisationen haben ein falsches Ursachenproblem vor Augen. Die Umwelt bzw. der Lebensraumes wird nicht nur bedroht, von einer kleinen Anzahl Schuldiger sondern von der Überpopulation der Menschen.

Nicht die Vertreter, Führer und Entscheider der Umwelt vernichtenden Interessen sind das Hauptproblem, sondern die dahinter stehende Masse an Mensch.

Das Hauptproblem ist nicht die Umwelt zu schützen! Das ist die Behandlung der Symptome. Ähnlich wie bei der Behandlung psychischer Störungen, die durch Medikamente ausschließlich symptomatisch behandelt werden und die Funktionalität und Sozialverträglichkeit des Menschen wiederherstellen aber keine Behebung der Ursachen bzw. Heilung bewirken.

In beiden Fällen, der Lebensraumzerstörung und der Herstellung der psychischer Stabilität werden nur kosmetische Maßnahmen durchgeführt. Die Ursachen werden tabuisiert, weil sie nicht in das moralische und ethische Wertesystem der Menschen passen. Interessen tun ein übriges.

Nachdem die Gattung Mensch die körperlichen, materiellen insbesondere äußeren Zusammenhänge mit dem logischen Bewusstsein und seiner Fantasie erfasst hat, ist es für seine weitere Existenz von überragender Bedeutung, die das Leben und die Gattung Mensch bewegenden und bestimmenden inneren Zusammenhänge zu begreifen.

Die Kämpfe mit der Natur, den Tieren und anderen Menschen bestimmten sein Denken und Handeln und bestimmen es immer noch.

Flucht und Kampf regieren des Menschen Leben. Seine Hoffnung liegen im Weltraum, in der Naturwissenschaft,Technik und Ökonomie.

In der Vergangenheit und Gegenwart bevölkern zu viele Menschen den lebenswerten Lebensraum.

Die Folgen sind Konflikte, Kriege, Wanderungsbewegungen, Ressourcenknappheit und Seuchen.

Wie jedes Lebewesen vermehrt sich die Gattung Mensch solange bis der Lebensraum erschöpft ist, versucht neue Lebensräume zu erobern, bis weite Teile der Gattung, den Umweltbedingungen zum Opfer fallen. Trotz des Bewusstseins des Menschen gleicht sein Verhalten als Gattung dem von Bakterien, Viren, Lemmingen usw. Solange expandieren bis die Art auf eine Anzahl vermindert wird, die die Natur verträgt.

Interessant finde ich, dass die obigen Ausführungen dem logischen Bewusstsein zugänglich sind. Dem Gefühl sind sie unmittelbar zugänglich. Nur dann wenn man es zulässt und das logische Bewusstsein den Gefühlen zuwendet.

Aber was geschieht und wird geschehen, dass Gegacker der Interessen und falschen Vorstellung sowie die Detailbetrachtung zerreden das Offensichtliche. Die Menschen halten so lange an ihrer kleinen Welt fest, bis sie von der großen Welt zerstört wird.

Es stellt sich die Frage, wie kann der bewusst gewordene Mensch, die Krönung der Schöpfung, diesem Prinzip der inhumanen Regulation der Gattungen entgehen?

Einfach ausgedrückt: Wie kann die Gattung Mensch verhindern, dass viele Menschen vor Ablauf ihres biologischen Alters zu Tode kommen?

Was meiner Meinung nach noch bedeutungsvoller ist: Wie kann es verhindert werden, dass viele Menschen dieser Gattung in unwürdigen, inhumanen und leidvollen Verhältnissen ihr Leben verbringen?

Mit Bildung , Naturwissenschaft, Technik, Ökonomie und Hilfsorganisationen wird an den Symptomen laboriert! Die Lage wird dennoch immer schlimmer! Nur wenige Menschen profitieren von der Lage, häufig vermeintlich. Für den Großteil der Menschen wird das Leben immer unerträglicher werden.

Mit einem gewissen Zynismus ist die Aussage zu treffen: Operative Hektik ersetzt geistige Windstille! Fahren Sie mich irgendwohin, ich werde überall gebraucht.

Mit dem logischen Bewusstsein bezüglich diese Welt, ist dem Problem nicht beizukommen!

Das Einschalten des Fühlens und der Gefühle ist vonnöten. Leider ist das Gefühl aufgrund geringer Nutzung und Erkenntnis nicht sehr zuverlässig und schwierig zur Problemlösung einzusetzen.

Der Zustand der Menschen ist wie folgt zu beschreiben: Das nach außen gerichtete, unbewusste, logische Bewusstsein eignet sich nicht, um das Problem zu erkennen!

Der Einsatz der Gefühle durch Intuition und Instinkt ist durch mangelnde Übung und mangelnde Erkenntnis nicht einsetzbar und täuscht sogar das logische Bewusstsein.

Vorgegaukelte Ethik, Moral und die Interessen Weniger, sowie falsche Modelle über diese Welt und die dahinter liegenden Werte, versperren den Weg zur Einsicht. Es kann keine Lichtung in den Wald der Erkenntnis geschlagen werden (Heidegger). Ich fühle mich wie auf einer Straßenkreuzung auf der etwas passiert, ich weiß nur nicht warum (Levi Strauß).

Das, was hinter der Erkenntnis liegt, liegt im Dunkeln (Sloterdijke).

Der Gegensatz von emotional bewusst und unbewusst geleiteter Rationalität

Die im Dunkeln liegenden Emotionen können durch ihre Erkenntnis, Licht in das Dunkel des Bewusstseins bringen.

Der erste Beweger (Adalbert im 13. Jahrhundert) und seine zwölf Apostel, die reinen Gefühle und gemischten Gefühle bewegen das Bewusstsein und Handeln des Menschen sowie die Gesamtheit des Lebens.

Die sechs positiven Gefühle: Liebe, Freude, Mut, Gelassenheit, Wohlsein und Lust.

Sowie die sechs negativen Gefühle: Hass, Trauer, Angst, Wut, Schmerz und Leid.

Im weiteren die gemischten Gefühle: Zwang, Panik, Hektik, Hoffnung, Depression, Melancholie usw..

Angst und die daraus resultierende Flucht sowie Aggressionen bilden sich im Bewusstsein und den Handlungen der Menschen instinktiv ab.

Flucht in neue Lebensräume, den Weltraum und die Betäubung beherrschen das Bewusstsein, die Handlungen und die Medien.

Davon werden die Menschen und das Leben unbewusst gesteuert und wenn es zur Katastrophe kommt oder sie naht, wird nach diesem Gott gerufen und seine Abgesandten. Die Gefühle beherrschen die Menschen. Der so genannte Teufelskreis! Irgendwie ist das widersinnig, finde ich! Aber es trifft den Kern!

Welche Möglichkeiten bestehen diesen Kern zu erfassen? Wie können die Gefühle bewusst werden? Wie können die Gefühle und die Abgesandten der höheren Welt die Menschen bewusster leiten?

Die Erkenntnis des Heiligen Grals kann dabei von Nutzen sein. Ich möchte jetzt hier nicht die Mystik einführen sondern die Erkenntnis, die in Wolfram von Eschenbachs, Parzival erwähnt wird. Parzival wird nach einer behüteten Kindheit in das Leben geworfen. Unbeholfen bewegte er sich in dieser Welt. Es wird ihm die Chance eröffnet, das Geheimnis des Lebens zu erkennen. Jedoch er stellt die falschen Fragen. Das Geheimnis wird ihm nicht zuteil. Ca. 300 Seiten lang durchstreift er die Welt im Kampf. Dann trifft er einen alten Mann, der ihm die richtigen Fragen verrät. Er trifft Antefortas, der nicht in der Lage ist zu sterben. Der König kann nur sterben, wenn man ihm die richtigen Fragen hinsichtlich des Geheimnisses des Lebens stellt.

Parzival stellt die richtigen Fragen. Die Antwort lautet, das Geheimnis des Heiligen Grals bzw. des richtigen Lebens, besteht nicht im Kampf, sondern in der Ruhe der Seele und der Freude des Körpers. Es sei hinzugefügt, das Ziel ist ein durch die Seele und deren Gefühle bewusst geprägter Geist und seine Gedanken.

Die wichtigste Voraussetzung, damit der Geist, die Emotion erkennen kann, ist die Ruhe der Seele und der Emotionen. Die Menschen konnten noch nie die Emotionen gut erkennen. Der heutige Mensch umso weniger. Der durch das Leben getriebener Mensch, wird von den Emotionen des ersten Bewegers bzw. Gott beherrscht. Der Mensch wird somit auch nur eine sehr kurzzeitige bzw. temporäre Freude des Körpers erleben. Trauer, Angst und Hoffnung, Zwang , kurzzeitig die Liebe und dann doch wieder der Hass schütteln die Menschen durch das Leben.

An dem Strohhalm, es wird besser werden, unseren Kindern wird es besser gehen, halten sich viele fest.

Es wird Zeit aufzustehen und zu erkennen. Der Mensch muss sich in die Ruhe begeben, nicht in die Totenruhe, sondern in die seelische Ruhe und den falschen, das logische Bewusstsein täuschende Gedanken und Einflüssen entkommen.

Die Gedanken und Gefühle breiten sich in Form von einem oder mehrerer Felder zwischen den

Menschen als auch anderer Lebewesen aus.

Es kann eine Analogie zum Licht gezogen werden. Das Licht kommt in Form einer Welle vor, besteht aber aus Teilchen. Das erstaunliche ist, der Mensch kann entweder die Welle beobachten oder die Teilchen in Form von Korpuskeln (Photonen). Beides gleichzeitig zu beobachten gelingt nicht.

Das Verhalten von größeren Ansammlungen von Menschen hat den Charakter einer Welle. Das ist gut zu beobachten bei Rednern, wie Hitler, Goebels u.a.. Das gleiche gilt für die Zuschauer einer Sport- oder Musikveranstaltungen.

Die sich verbreitenden Gefühlswelle in Form von Begeisterung, Freude, Angst oder Trauer und das gleichzeitige Beobachten Einzelner ist nur schwer möglich, wenn nicht unmöglich. Die Beobachtungen können nur nacheinander also sequenziell erfolgen.

Die Zeit als limitierender Faktor des logischen Bewusstseins, der durch die Gefühle geprägten Intuition und des Instinktiven.

Das instinktive Verhalten, Reiz - Reaktions gesteuert (Skinner) ist in der Regel, bei starken, unmittelbaren Bedrohungen die schnellste, effektivste und effizienteste Verhaltensweise. Der Ablauf ist wie folgt: Angriff – Angst – Flucht oder Gegenangriff bzw. Aggression.

In diesem Fall ist das logische Bewusstsein aufgrund seiner Abwägung und das intuitive Verhalten aufgrund seiner langen Reaktionszeit, der instinktiven Entscheidung hoffnungslos unterlegen. Fehlentscheidung des intuitiven Verhaltens sind in der Regel begründet aufgrund des Einschaltens des logischen Bewusstseins oder der Intuition.

Das logische Bewusstsein ist bezüglich bekannter Entscheidungen, die schnellste, effizienteste und effektivste Möglichkeit. Schneller und fehlerfreier als die Intuition oder der Instinkt. Sobald vielfältige Alternativen bestehen oder Unsicherheit und Risiko bezüglich der Entscheidung vorliegen, kommt das logische Bewusstsein zu keinem Ergebnis. In diesem Moment wird die gefühlsmäßig gesteuerte Intuition eingesetzt. Das gefühlsmäßige Abwägen braucht häufig lange.

Jeder von Ihnen hat sicher festgestellt, dass wichtige Entscheidungen zu überschlafen sind. Häufig brauchen diese Entscheidung länger als eine Nacht! Es wird mehr Informationen eingeholt und das Gefühl bewertet diese immer wieder. Schließlich kommt der aus dem Dunkeln vom Gefühl ausgelöste Geistesblitz! Menschen, die einen guten Zugang zu der Intuition haben, treffen häufig entgegen der Abwägung der logischen Überlegungen, eine bessere Entscheidung als das logische Bewusstsein.

Menschen, die wenig Zeit haben treffen daher mit dem logischen Bewusstsein häufig falsche Entscheidung. Die Werte und Modelle, die sie im Kopf haben waren einmal richtig, treffen aber auf die veränderten Umweltbedingungen nicht mehr zu (Luhmann). Die logischen auf naturwissenschaftlichen und ökonomischen, messbaren Modelle, die im Bewusstsein erfolgreich verankert sind, versagen.

Es beginnt der Siegeszug des gefühlsmäßigen, nicht messbaren Intuitiven! Was leitet die Menschen?

Das scheinbar, messbare Rationale, die Gier, die scheinbare Überlegenheit, der Kampf, die Liebe, die Freude, die Trauer, der Hass, die Angst, der Schmerz, das Leid, die Lust, der so genannte Kampf um das Überleben, die Schuld, die Hoffnung usw..

Parzival : Die Freude des Körpers, die Ruhe der Seele und das möchte ich hinzufügen, die gefühlsmäßig gesteuerte Klarheit des Geistes! Mir schlug das Schreibprogramm als ich „Geistes" diktierte, „Geistesblitz" vor. Ein schlaues Programm!

Im Moment habe ich das Gefühl: „ Des Rufers in der Wüste!"

Die beschleunigte Gesellschaft, gekennzeichnet durch den bei Wind und Wetter im Anzug die Gangway hoch laufenden und mit vorgestrecktem Kinn redenden Obama, hat das Wort, „ langsam", tabuisiert. Man entschleunigt jetzt. Fahren Sie mich irgendwohin, ich werde überall gebraucht.

Um viele Menschen vor dem vorzeitigen Tod und dem Leiden zu bewahren, ist die entschleunigte, langsame Emotionalität gefragt! Sie muss die Lichtung in den Wald des Bewusstsein schlagen (Heidegger).

Es wird wohl lange dauern! Christus hat die emotionale Liebe, die Nächstenliebe verkündet. 2000 Jahre sind vergangen. Etwas davon ist in unserer heutigen Gesellschaft hängen geblieben! Ab und zu ein Sozialstaat, häufig Interessen gesteuerte Hilfsorganisationen aber im Grunde genommen, herrscht das Prinzip des Wettbewerbs, jeder gegen jeden und ein Platz an der Sonne. Wir fliegen zum Mond, wir fahren bequem, wir telefonieren und sind in einem sozialen Netzwerk, dennoch herrscht noch der gleiche Ton, wie vormals bei den Affen auf den Bäumen (Frei nach Kästner).

Doch halt! Der Führungskreis I und II, eines großen deutschen Unternehmens, 120 Personen umfassend , wurde mit einem neuen Leitgedanken versehen. Moderat im Ton aber hart in der Sache. Vormals hatten Vorstände brüllend in Sitzungen, man sollte es nicht glauben, es ist aber so gewesen, mit Aschenbechern nach Angestellten geworfen.

Frei nach dem Satz: Nur die Harten kommen in den Garten, die Weichen werden Leichen!

Der Zustand der Welt ist wie folgt gekennzeichnet:

In den Entwicklungsländern, Hunger und Krieg.

In den Schwellenländern, inhumane Arbeitsverhältnisse, Lärm und stark geschädigte Umwelt.

In den entwickelten Ländern, eine durch Überforderung und Monotonie seelisch bzw. gefühlsmäßig kranke Gesellschaft.

Zustandsbeschreibung der seelisch kranken Gesellschaft in den entwickelten Ländern:

60.000 amerikanische Soldaten, mehr als im Vietnamkrieg gefallenen waren, nahm sich das Leben. Die amerikanische Regierung investierte 500 Milliarden in die psychologische Forschung. Die Ergebnisse gingen gegen null. Die Selbstmordrate konnte nicht aufgehalten werden.

Laut Spiegel, Sonderausgabe 2012, Trauer und Tod, nehmen sich in Deutschland pro Jahr 10.000 Menschen das Leben. Mehr als bei Autounfällen oder sonstigen Unfällen. Der größte Anteil, der Selbstmörder sind Männer über 50. 100.000-150.000 Menschen verüben pro Jahr in Deutschland einen Selbstmordversuch. 500.000 sind Teilnehmer im Internetforum Depression. 20 - 30 Mio erleiden einmal in ihrem Leben eine Depression. Dauerhaft depressiv sind mehrere Millionen.

In England begehen 20 bis 22 % der Jugendlichen einen Selbstmordversuch.

Außerdem ist festzustellen. es wird immer weniger gelacht. Früher siebenmal am Tag. heute durchschnittlich zweimal am Tag, wenn überhaupt. Die Gesichtszüge der Menschen sind als ernst, melancholisch, niedergeschlagen, angestrengt, ausgelaugt oder fahl zu bezeichnen.

Negative Medien, voll von Katastrophen, Verbrechen, Krieg und Leidensgeschichten füllen über die Einschaltquoten die Köpfe der Menschen. Comedie- und Musiksendungen machen den Müll erträglich.

Negative Gedanken und Gespräche sowie Problemdiskussion füllen die nicht mediale Zeit der Menschen aus.

Die Freude, das Wohlsein, das persönliche Miteinander, die Lust haben sich aus dem Leben verabschiedet. Verblieben sind höchstens die sexuelle Lust oder die Schadenfreude.

Die Trauer siehe Charlie oder der Absturz der German Wings Maschine und Ähnliches werden von den Medien als neues Einschaltquoten Instrument benutzt.

Kriege und Katastrophen sichern die Einschaltquoten schon seit längerem.

Ein Aussteiger sagte mir kürzlich: „Soll ich von 6-66,60 Jahre lang arbeiten, um vielleicht 20 Jahre lang, Rente zu beziehen?

Ist es erstrebenswert, 40 oder 50 Jahre lang mehr oder weniger die gleiche Tätigkeit auszuüben? Am Schreibtisch kleine Zahlen in kleine Kästchen zu schreiben, zu programmieren, immer den gleichen Krempel als Lehrer oder Professor zu erzählen, oder an der Kasse zu sitzen, Regale einräumen und Dreckweg weg machen? Mit öffentlichen Verkehrsmitteln, mit überteuerten Leasingautos hin und her zu fahren und in meiner überteuerten Immobilie zu sitzen? Und schließlich, in überteuerte Smartphones, Tabletts und Riesenfernseher zu blicken und mich mit Informationsmüll berieseln zu lassen. Ich vergaß, alle möglichen Spiele von Golf bis Xbox zu spielen.

Was soll man sonst tun? In meiner Umgebung gibt es viele Personen, die sagen, das ist alles langweilig. Arbeiten und Geld ansammeln, das ist der Königsweg. Und ab und zu einen 500 g Hasen. Dann gibt es noch die, die mühsam Kinder groß ziehen. Alleine, in Patchwork Familien oder ganz normal, wie früher. Bildungs gequälte Kinder. Mit welcher Perspektive?

Ist die Darstellung zu negativ?

Das Haarproblem, um von unserer heutigen naturwissenschaftlichen und ökonomisch geprägten Welt, zu einer seelisch gesunden und humanen Gesellschaft zu gelangen, liegt tiefer und ist existenziell.

Makro- und Mikrowelt

Es gibt zwei Seiten: Die makro- und die mikroskopische Betrachtung. Die Makro- die Mikrowelt. (Ronald D. Laing).

Die Makrowelt:

Die systemische oder Makrowelt benötigte Institutionen, wie Unternehmen, staatliche Einrichtung usw., die die Versorgung der Bevölkerung gewährleisten. Durch Arbeit und Maschinen wird die Makrowelt betrieben. Kompliziert wird die Makrowelt einerseits durch das Beharrungsvermögen erfolgreicher Subsysteme und andererseits durch die internationale Arbeitsteilung (Globalisierung) sowie Freihandelszonen. Eine ständig wachsende Weltbevölkerung und deren Probleme stabilisieren das System zusätzlich.

Eine schon seit 1980 anhaltende Wachstumsschwäche in den entwickelten Ländern, ist durch eine exorbitante Schuldenaufnahme von Staaten und privaten Gläubigern behoben worden.

Die Mikrowelt:

In den entwickelten Ländern wollen die Menschen mehr Zeit für sich haben. Die Geburtenraten nehmen ab, weil die Menschen mehr Zeit für sich benötigen oder die Zukunft unbewusst für ihren Nachwuchs als nicht so lebenswert einstufen.

Die Systemanforderungen, die subtile Beeinflussung und der unbewusste, kompensatorische Konsum treiben die Menschen durch das Leben.

50 % aller deutschen erben etwas. Die anderen 50 % erben nichts. Sie sind ausschließlich auf ihre Arbeit angewiesen. Der größte Teil der Erben muss ebenso, wie die nicht Erbenden, arbeiten um den Wohlstand zu erhalten oder zu vergrößern.

Der einmal gewählte Beruf kann nur durch einen häufig massiven Wohlstandsverlust gewechselt werden. Das Verlieren der Arbeit wird ebenso mit einem großen Verlust des Wohlstands begleitet.

Teilzeitarbeit bedeutet in der Regel Karriereverlust, häufiger weniger Anerkennung und wird dann akzeptiert, wenn Kinder zu erziehen sind.

Die Makro- und Mikrowelt stabilisieren sich gegenseitig und verhindern aufgrund der Hemmnisse und der berechtigten Werte eine Neuausrichtung zu einer gefühlsmäßig orientierten und humanen Gesellschaft.

Auf der Straße, im Internet und in den Medien tobt der Kampf zwischen dem berechtigt Mitleids orientierten, häufig wohlhabenden, systemstabilisierenden Kräften und den unterprivilegierten und unzufriedenen Gruppen der Gesellschaft.

Systemstabilisierende Kerngesellschaft und Wutbürger bzw. Pegidaanhänger sowie anderer extremer Gruppen bekämpfen sich stark unbewusst emotionalisierte. Die Emotionen kochen hoch. Beide Seiten verfechten größtenteils verschrobene Wertvorstellungen.

Die einen wollen Arbeitskräfte, Schrottwohnungen vermieten und Konsumenten oder aus Mitleid helfen Die anderen sehen sich in ihrer kleinen, verschrobenen Wertewelt und ihrem hart erarbeitentden kleinen Wohlstand und Einkommen gefährdet.

Wut, Aggressionen, Angst, Hass und Unzufriedenheit verbreiten sich. Die partizipierenden Eliten, der Politiker, der Erben, der Medienschaffenden und Einkommensstarken versuchen die Menschen zu beruhigen und abzulenken.

Wie lange wird das gut gehen? Manchmal dauert es länger aber in Krisen geht es häufig sehr schnell.

In der Geschichte ist das deutlich zu sehen.

Welche Möglichkeiten gibt es, einen humanen Übergang in eine neue Gesellschaft zu schaffen?

Es scheint unmöglich zu sein und wahrscheinlich ist es das auch.

Ein Versuch ist es wert!

Möglichkeiten zur Entwicklung einer humanen Gesellschaft

Folgende Möglichkeiten sind zu überlegen:

Werte und Überzeugungs Veränderungen der Eliten aus Politik, Wirtschaft, Medien und Religion sowie NGOs oder Teile der Bevölkerung, sind aufgrund des systemischen Beharrungsvermögen des Makro- und Mikro Geschehens, wenig wahrscheinlich.

Ökonomische Krisen führen, wie man in Griechenland, Spanien und Portugal sieht, aufgrund der Bedingung des gesamtwirtschaftlichen, weltweiten Systems, tendenziell zur Radikalisierung in rechts oder links und zu Spannungen und Konflikten zwischen unterschiedlichen Religionssystemen. Der ökonomische Druck verschärft die Situationen.

Die unbewussten Emotionen steuern das Geschehen und werden durch die Medien verstärkt.

Die Krise des gesamten kapitalistischen Systems der Welt, ähnlich der Krise der sowjetischen, kommunistischen, bietet meiner Meinung nach, die einzige Chance, ein neues Denken einzuführen.

Eine elektronisch gesteuerte, automatisierte Erstellung von Gütern und Dienstleistungen ohne wesentliche menschliche Arbeit bietet eine weitere Möglichkeit. Die daraus folgenden innerstaatlichen und internationalen Verwerfung bilden allerdings ein hohes Risiko.

Think Tanks und nationale und internationale Organisationen sollten Szenarien entwerfen, um mit den Krisen umzugehen.

Wird das nicht geschehen, so wird sich die entwickelte Welt, ähnlich, wie in Afrika und der arabischen Welt, vor religiösen und sozial, ökonomisch motivierten Auseinandersetzungen sehen.

Die unbewusste, emotionale Gewalt wird regieren.

Die Anfänge sind bereits zu sehen. Werte, wie Meinungsfreiheit und Demokratie und autokratische, diktatorische Überzeugungen, die häufig systemischer erzeugt sind, siehe arabische Welt, Ukraine, westliche Welt und Russland oder China prallen aufeinander und der Krieg wird vorbereitet. Alle Seiten beteuern ihre friedlichen Absichten aber im Hintergrund bereiten die Falken, auf eine günstige Gelegenheit wartend, die Konflikte vor.

Die Mehrzahl der Russen ist mit ihrem jetzigen System einverstanden. Die Minderheit der Russen, der ehemaligen jetzt demokratisierten Sowjetstaaten sehen sich ökonomisch und sozial benachteiligt. Die Grenzziehungen der ehemaligen Sowjetstaaten entsprechen nicht, ähnlich wie in der arabischen und afrikanischen Welt, den Ehtniken.

Es sei erinnert, an den durch die Sklavenfrage motivierten Krieg der Nord und Süd Staaten, Nordamerikas. Demokratie und Meinungsfreiheit gegen ethnisch, autokratische orientierte Russen oder autokratische orientierte Chinesen. Meinungsfreiheit und Demokratie gegen den fundamentalen, religiösen Gottesstaat.

Meinungsfreiheit und Demokratie, dass ist keine Frage! Handel und Wandel und eine starke Armee, das ist auch keine Frage. Einmischung in deren Verhältnisse, das ist ein großer Fehler!

Das nach diktatorische, demokratische Myanmar produziert ethnisch und religiös motivierte Flüchtlingswellen.

Zusammenfassung

Unbewusste oder unterbewusste, emotionale die Werte steuernde Handlungen werden die Menschheit in seelisches Leid und vorzeitigen Tod schicken.

Die Reflexion und Bewusstwerdung der Emotionen, die unseren Werten und Handlungen zu Grunde liegen, führen uns in eine humane Gesellschaft.

Die Bewusstwerdung der Emotionen, das hoffe ich, ist deutlich geworden, bedeutet Zeit, viel Zeit. Für das Individuum als auch das Kollektiv, ist diese Zeit zu schaffen. Trauerprozesse, echte emotionale Freude, die Reflexion der Angst, das Schaffen von Mut, die Wahrnehmung von Hass und emotionaler Liebe führt zur Lust und dem Wohlsein. Das Leid und der Schmerz werden zwar von Jesus, Mohammed, Buddha, Jave und indischen Göttern gelindert aber nicht behoben.

Leid und Schmerz werden so lange, wie wir die Mittler zwischen uns und der höheren Welt nicht in unser Bewusstsein lassen, unsere ständigen Begleiter sein.

Ich hoffe es gelingt Ihnen und wünsche Ihnen viel Glück, was aus dem griechischen (Eudämonie) übersetzt: „Einen guten Zugang, zu den Mittlern zwischen den Menschen und Gott zu haben," bedeutet.

Neu. Gebundene Buecher zum verschenken u.a.: Maps of Emotions, Lebensberatung, Emotionen kontrollieren, Trauer, Depression, Emotiossoziologie/Kritische Theorie, Sammelband, ISBN-13: 978-1517282783 (CreateSpace-Assigned) ISBN-10: 1517282780 unter amazon und CreateSpace

Youtube Video: Emotionen kontrollieren, Hubertus Ihn

Kritische Theorie

Analyse

Folgen

Bisherige gesellschaftliche Reaktionen

10 Thesen zur Neuausrichtung der Gesellschaft

Exkurs: Wirtschaftliche Situation

Analyse

Gebundene Bücher bei Amazon erschienen.
Suchbegriff: Bücher Hubertus Ihn

E-Books, Hubertus Ihn, unter Amazon, Kindle zu finden

Vita

Gebundene Bücher bei Amazon erschienen.

Suchbegriff: Bücher Hubertus Ihn

Maps of Emotions auf Deutsch und Englisch

Depression

Trauer

Theorie des Bewusstseins

Emotionen kontrollieren

E-Books, Hubertus Ihn, unter Amazon, Kindle zu finden

Kritische Theorie Bd. 1, von Adorno zur humanen Gesellschaft

Kritische Theorie Bd. 2, Empörung der Bürger

Kritische Theorie Bd. 3 / Theorie der kognitiven Psychologie

unter Berücksichtigung der Phänomenologie

Kritische Theorie Bd. 4 / Theorie der Emotionen

Freude

Psycho in Athen (Ordysseus)

Sammelband Gefühle

Trauer

Angst

Wut

Glück

Depression

Theorie des Bewusstseins

Theorie der Psychologie

Vita

Hubertus ihn unterrichtet seit über 30 Jahren an verschiedenen Universitäten (u.a. Leuphana, Lüneburg, Open University (Fernuniversität Hagen), Universität Göttingen, Philosophie, Psychologie, Unternehmensführung und Marketing.

Der Autor verfügt über eine pädagogisch orientierte Ausbildung in humanistischen Therapieverfahren der Universität Bremen. Inhalte: Gesprächstherapie nach Rogers, Gestalttherapie (Perls), Bioenergetik (Lowen), Transaktionsanalyse, Familientherapie (Satir) und Psychodrama (Moreno).

Außerdem besitzt er tiefgreifende Erfahrung in Meditation und dem 8 stufigen Raja Yoga, inklusive Hatha Yoga und Pranajama.

Als Berater ist Hubertus Ihn für verschiedene DAX und Dow Jones sowie kleinerer und mittelständischer Unternehmen tätig.

Weiterhin ist er Autor zahlreicher Publikationen in den Bereichen Marketing, Philosophie und Psychologie und Publikationen und Filmen über Psychologie und Unternehmensführung.